Bibliografische Information der Deutschen Nationalbibliothek:
Die Deutsche Nationalbibliothek verzeichnet diese Publikation
in der Deutschen Nationalbibliografie; detaillierte bibliografische
Daten sind im Internet über dnb.d-nb.de abrufbar.

TWENTYSIX
Eine Marke der Books on Demand GmbH

Herstellung und Verlag:
BoD – Books on Demand, Norderstedt

© 2022 Aleg Budynok

ISBN 9783740712631

Wer ist der wichtigste Mensch in Ihrem Leben?

Wenn Sie jetzt gerade an Ihren Partner gedacht haben, ist dieses Buch genau das, was Sie gerade brauchen.

Und Sie sind nicht die Person, die Ihr Partner gerade braucht. Sie sind verflochten in ein geschickt gewobenes Netz aus Nehmen und Gebenwollen, Brauchen und Gebrauchtwerdenwollen.

Sie sind der typische Co-Abhängige*, genau für Sie ist dieses Buch gedacht.

* Wenn ich in diesem Buch nur von „Partner" und „Er" schreibe, so dient dies ausschließlich der besseren Lesbarkeit für Sie. Und es ist für mich schneller zu schreiben, als wenn ich bei jedem Maskulinum immer /in oder /ix o.ä. hinzusetzen muss. Selbstverständlich sind nicht alle Abhängigen Männer. Und „Partner" bezieht sich auf den anderen Part einer Beziehung, nicht irgendeine vordefinierte Geschlechterrolle. Das kann der Ehepartner, Lebenspartner, Elternteil, Kind, Freund oder wer auch immer sein.

Sie wissen, wer in Ihrer Beziehung gemeint ist, diese Person nenne ich hier „Partner".

Ich frage Sie jetzt also noch einmal:

„Wer ist der wichtigste Mensch in Ihrem Leben?"

Wenn Sie nun mit „ich" antworten, dürfen Sie weiterlesen.

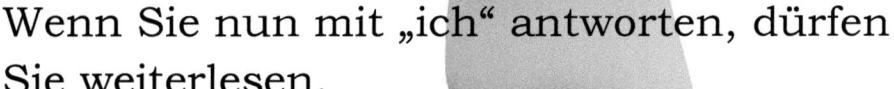

Dieses Buch ist kein Fachbuch, geschrieben von einem hervorragenden Theoretiker, der alle Aspekte der Abhängigkeit und Co-Abhängigkeit studiert hat. Der Inhalt dieses Buches ist aus vielen Gesprächen/Sitzungen zusammengetragen und soll dazu dienen, Ihnen Mut zu machen und Ihnen Lösungsansätze zeigen.

Das Problem Ihres Partners können Sie nicht lösen, dafür ist er allein verantwortlich. Sie sollen **Ihr** Problem lösen! Sie sollen es erkennen, ohne zu urteilen, und dann entscheiden, wie Sie damit umgehen.

Wollen Sie es lösen?

Oder ist es einfacher, alles zu lassen, wie es ist? Sicherlich nicht, sonst hätten Sie dieses Buch nicht gekauft.

Können Sie es lösen?

Natürlich! Sie haben es ja selbst erschaffen.

Ach, das wussten Sie noch nicht? Dann wollen wir mal eben aufräumen mit dem Vorurteil: „Mein Partner ist schuldig an meiner Misere."

NEIN! Das ist er nicht. Sie selbst haben sich in diese Situation begeben, in der Sie heute stecken und dieses Buch lesen.

Machen Sie sich das wirklich einmal bewusst, bevor Sie weiterlesen. Es ist von ausschlaggebender Wichtigkeit, dass Sie das wirklich einsehen:
Sie sind schuldig an Ihrer Misere.

Denken Sie darüber nach, legen Sie das Buch zur Seite. Lassen Sie das Gelesene auf sich wirken und machen Sie einen kleinen Spaziergang. Schauen Sie einmal tief in sich hinein und dann kommen Sie wieder und lesen weiter.

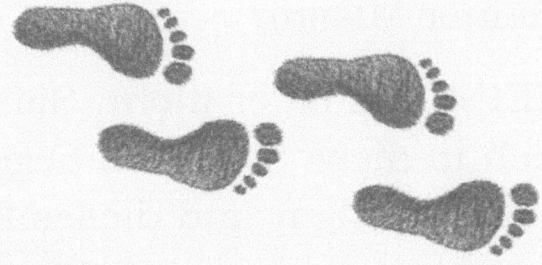

Willkommen zurück!

Ich hoffe, der Spaziergang hat Ihnen gutgetan. Bewegung! Sie haben in Ihrem Leben noch ein paar Schritte vor sich, kleine und große.

Haben Sie genug gegrübelt? Sind Sie vielleicht etwas aufgebracht über das Wort „schuldig"?

Zu Recht! Aber „schuldig" zu sein klingt einfach nachhaltiger als „verantwortlich". Es rüttelt auf, erinnert vielleicht sogar an die „Schuld" im biblischen Sinne.

Im weiteren Verlauf werde ich aber das Wort „Verantwortung" verwenden.

Und da wir gerade von Eigen-Verantwortung reden, was denken Sie, wer die auch trägt?

Richtig, Ihr Partner!

Diesen Teil seines Lebens haben Sie ihm, vielleicht aus Liebe, vielleicht aus Mitgefühl, vielleicht auch aus einem Helfersyndrom heraus, weggenommen.

Sie haben ihn hilflos gemacht. Abhängig! Ja, er ist nicht nur abhängig von seiner Droge, sondern auch von Ihnen.

Oder haben Sie nicht schon einmal für ihn gelogen, wenn es nötig war? Haben Sie nicht schon einmal die eine oder andere

Sache erledigt, damit es ihn nicht so belastet? Wenn Sie plötzlich nicht mehr da wären, käme er allein zurecht in seinem Leben?

Käme er zu Recht?

Lassen Sie sich diesen Gedanken einmal im Gehirn umherschwimmen, beleuchten Sie ihn von allen Seiten.

Es ist eine komplizierte Abhängigkeit, nicht wahr?

Schauen Sie noch einmal auf das Coverbild! Wer ist der graue Freund? Wer tut Ihrem Partner nicht gut?

Wer nimmt ihm seine Selbständigkeit, die Flasche oder der graue Schatten?

Vielleicht fällt Ihnen jetzt er Entschluss leichter, derjenige zu sein, der die Abhängigkeit beendet. Derjenige zu sein, der Ihren Partner frei gibt.

Damit geben Sie auch sich selbst das Recht auf Freiheit zurück. Das ist nicht selbstsüchtig oder rücksichtslos, das ist erforderlich!

Wo Sie jetzt gerade ganz bei sich sind wollen wir uns einmal fragen, was Ihren Partner so bewegt.

Denn dieses Buch ist ja auch den Abhängigen gewidmet, denen, die in einer furchtbaren Zwangslage stecken und aus eigener Kraft meist nicht mehr herauskommen. Sie holen Sich „Rat und Trost" bei Drogen, betäuben den Schmerz und das unerträgliche Gefühl, hilflos ausgeliefert zu sein.

Ausgeliefert dem Problem, vor dem sie stehen, oder der Droge, die sie nehmen, um das Problem nicht mehr zu sehen. In der Regel ist es die Zivilisationsdroge Alkohol, die sie wie ein Schatten begleitet, ein „grauer Freund".

Sie müssen lernen, zu verstehen, was in Ihrem Partner vor sich geht. Das ist der Hebel, an dem Sie ansetzen können, ihm zu helfen.

Und zwar, indem Sie **sich** aufbauen, indem Sie sich aus der Co-Abhängigkeit befreien und ihrem Partner so die Chance geben, ebenfalls aus diesem System von Abhängigkeiten auszubrechen.

Ob er die Chance nutzt, liegt allein bei ihm. Nicht immer geht das Aufbrechen von Abhängigkeiten „gut" aus. Manchmal steht am Ende eine Trennung vom Partner.

Es ist natürlich immer eine Frage des Standpunktes, ob das dann ein „gutes" oder „schlechtes" Ende ist. Auf jeden Fall ist es der erfolgreiche Weg aus der Co-Abhängigkeit.

Seien Sie vorbereitet, dass sich Ihr Leben ändern wird. Denn das wollen Sie ja, sonst würden Sie jetzt nicht weiterlesen.

Co-abhängig, was ist das?

Co-Abhängigkeit ist eine Sucht!

Nichts ist wichtiger als der Sucht bewusst zu begegnen.

Ja, Sucht!

Es ist wichtig zu wissen, dass Co-Abhängigkeit letztendlich genauso eine Sucht ist wie die Abhängigkeit. Co-abhängig klingt nur einfach eleganter, freundlicher, als „süchtig". Es gibt einem das Gefühl, nicht selbst schuldig zu sein an einer Abhängigkeit, sondern nur durch den Partner mitgerissen worden zu sein.

Man kann sich rechtfertigen mit der Entschuldigung: „Er ist halt krank, und ich musste das tun, um ihn nicht zu verletzen."

Und damit sind wir auch schon wieder bei der Einleitung, wer ist die wichtigste Person in Ihrem Leben?...

Und genau deswegen, weil Sie nicht „ich" gesagt haben, als es wichtig war, haben sie dieses Buch in der Hand. Abhängigkeit funktioniert nur, wenn der Co-Abhängige auch abhängig sein möchte.

Ideal ist es dabei, wenn er einen Märtyrer-Komplex oder Mutter-Theresa-Komplex hat.

Gerne geben wir den Abhängigen die ganze Schuld, aber sie sind nur für ihren Teil verantwortlich. Wenn wir uns in die Co-Abhängigkeit begeben, ist dies unsere eigene Entscheidung.

Das sollen Sie sich immer vor Augen halten, wenn Sie dieses Buch lesen. Egal, welche Rolle sie in Ihrer Beziehung spielen, Sie tun es freiwillig.

Und nur Sie haben die Chance, etwas zu ändern.

Bewusste Abhängigkeit ist keine Abhängigkeit mehr, sondern eine **Entscheidung**.

Fassen Sie Ihr Leben neu an und sehen Sie, was Sie ändern können, was Sie ändern wollen. Vergessen Sie dabei aber nicht, dass es sich um **Ihre** Welt handelt. Die Welt Ihres abhängigen Partners ist für Sie tabu.

Sie geben ihm allerdings die Chance seines Lebens, aus seiner Abhängigkeit heraus zu kommen, wenn Sie die Co-Abhängigkeit beenden.

Wenn das eingespielte System nicht mehr funktioniert.

Wenn Sie plötzlich zuerst für sich da sind.

Wenn Ihr Partner merkt, dass er abhängt. Auf der einen Seite von Ihnen, auf der anderen Seite von seinem Suchtmittel (Alkohol, Drogen oder was auch immer).

Wenn Ihr Partner realisiert, dass er plötzlich die Wahl hat, ohne Sie unterzugehen oder mit Ihnen neu anzufangen.

Um den „grauen Freund" vor die Tür zu setzen gibt es nur einen richtigen Moment:

JETZT!

"Deine Stille schreit mich an."

In vielen Beziehungen zwischen Abhängigen und Co-Abhängigen ist dieser Satz zutreffend. Meist unausgesprochen.

Und da liegt das Problem.

Sie wollen Ihren Partner nicht verletzen, indem Sie ihn ständig auf seine Sucht hinweisen. Vielleicht wollen Sie die Auseinandersetzung auch vermeiden. Oder Sie werfen ihm seine Sucht täglich vor, weil Sie es einfach nicht mehr ertragen, wie er sich zu Grunde richtet. Und natürlich sieht er es nicht ein. Streit ist vorprogrammiert mit den Folgen Wut und Enttäuschung.

Egal, wie Sie es drehen und wenden, Sie bleiben immer mit einem unguten Gefühl zurück, besser gesagt, auf der Strecke. Ihr Partner findet schnell seinen Trost, darin hat er Routine. Und Sie? Sie gehen bald „in die nächste Runde".

Warum?
Weil Sie ihn nicht ändern können.

Sie müssen den Kreislauf verlassen, wieder zu sich kommen. Das heißt aber nicht, dass Gespräche sinnlos sind!

Reden Sie!

Vertreten Sie Ihren Standpunkt!
Ohne zu verletzen.

Die jetzt folgenden Seiten sollen Sie ein wenig sensibler für Ihren Partner machen. Die gleiche Situation, aus zwei sehr unterschiedlichen Blickwinkeln betrachtet. Vielleicht sehen Sie die Welt auch einmal „mit anderen Augen", empfinden außer Wut, Enttäuschung und Kraftlosigkeit auch Mitgefühl für Ihren Partner.

Aber, das ist ganz wichtig: Mit-Gefühl, kein Mit-Leid. Wenn er leiden will, ist das allein seine Entscheidung, auf keinen Fall sollten Sie sein Leid teilen. Sie haben genug damit zu tun, sich um Ihre Sorgen, Ängste und Probleme zu kümmern.

Mitgefühl zeigen, das sollen Sie. Das zieht Sie nicht in die Abhängigkeit hinein wie das Mitleiden es schafft. Mitgefühl öffnet Ihnen die Augen und macht es Ihnen letztendlich auch leichter, sich aus der Co-Abhängigkeit zu lösen.

Die folgenden wechselseitigen Gedanken entstammen zum Teil Tagebuchaufzeichnungen, zum Teil sind sie in Gesprächen / Sitzungen entstanden und niedergeschrieben worden.

Der leicht poetische Charakter ist beabsichtigt. Er macht es leichter, sich einzufühlen.

Schauen Sie einmal, wo Sie sich wiederfinden, was Sie anspricht.

Dein grauer Freund

Du kanntest ihn schon, als wir uns trafen.

"Da ist nichts.", hast du gesagt.
Heute ist er immer noch da,
sitzt neben dir auf dem Sofa.
Liegt zwischen uns im Bett.

Ich kann ihn nicht verscheuchen,
und du schaffst es auch nicht.

Mein grauer Freund

Du bist immer für mich da.
Bei Tag und bei Nacht.
Wenn ich ein Problem habe
oder einfach nur mal abschalten
will.

Mit dir fällt mir alles viel leichter.
Du bist immer meiner Meinung,
nie haben wir Streit.
Uns kann nichts trennen.

Dein Lachen

Dein Lachen
Ich erinnere mich noch
Hell wie das Klingeln des
Weihnachtsglöckchens
Klar wie Tautropfen im
Morgengras
Damals
Ich vermisse es
Das, was durch deinen Nebel
klingt
bist nicht du

Mein Lachen

Mein Leben ist viel leichter
geworden.
Ich habe Spaß.
Allein
und laut lachend in geselliger
Runde.
Alle mögen mich so, wie ich bin,
locker, immer gut drauf.

Prost!

Feierabend

Der Weg nach Hause
Alle Last hinter mir
Erwartung
Hoffnung
Du strömst mir entgegen
Vernebelt
Schade!

Feierabend

Endlich alles vorbei
Mich fallen lassen
Tief
Und tiefer

Bis auf den Boden

Mein grauer Freund gibt mit Halt

Hilfe

Lass sein, mein Schatz,
ich helfe dir.
Das ist zu schwer für dich.
Ruh dich aus,
dein Tag war hart.

Ich mach das schon.

Hilfe

Wieder mal!
Er nimmt mir alles weg.
Mein Selbstwertgefühl, so gering
es auch gerade sein mag.
Ich halt das nicht mehr aus!

Hilfe!

Versteckn

Du glaubst, ich merke es nicht.
Dein Glas steht hinter dem Obst,
zwischen den Büchern,
rechts vom Sofa,
auf der Fensterbank,
hinter der Gardine.
Ich tue so, als merke ich es nicht,
will keinen Streit.
Nicht heute. Wie immer.

Versteckten

Was schaut er mich so an?

Verdächtigend.

Das ist **mein** Leben!

Ich mache es mir leicht,
und wenn es zu viel wird,
höre ich einfach auf.

Freunde

Sie sitzen um unseren Tisch und lachen.

Besonders laut lachst du.

Stichst mit dem Finger auf sie ein.

"Allumininum" ist das Wort ...
du lallst.

Peinlich!

Freunde

Endlich mal wieder Schwung in
der Bude.

Nicht immer nur sein Gesicht.
Die Spannung verfliegt.

Feuchtfröhlich!

So sollte jeder Tag sein.

Alltag

Wenn du getrunken hast,
erreiche ich dich nicht.

Aber ich versuche es
immer wieder.

Alltag

Lass mich doch einfach in Ruhe.
Keine stillen Vorwürfe.
Keine suchenden Blicke.

Ich will nur meine Ruhe.

Gemeinsamkeit

Vielleicht trinke ich einfach
mal mit.
Schmeckt ja auch gut.
Löst meine Anspannung.

Macht mich sympathisch.

Gemeinsamkeit

Mich schimpft er immer an.
Und nun sitzt er selbst da
mit meinem grauen Freund.
Moralapostel!

Scheinheilig!

Veränderung

Ich habe mich gekümmert.

Jetzt hat er eine Chance,
ganz neu anzufangen.

Warum nutzt er sie nicht?

Veränderung

Alles neu! Kein Halt, keine Beständigkeit.
Nichts, an dem ich mich festhalten kann.
Nur mein grauer Freund…

Angst!

Du

Wenn du dich so sehen würdest,
der Gang schwankend,
die Zunge schwer,
das Gesicht alt
und entstellt.

Das bist nicht du,
das ist dein Gespenst.

Ich?

Wieso steht er immer noch zu mir?

Ich bekomme nichts mehr auf die Reihe.

Bin unattraktiv, unverlässlich.

So halte ich mich nicht aus.

Hoffnung

Ich liebe es,
dich morgens anzuschauen.
Weich und warm
liegst du im Bett.
Auf diesen Moment freue ich mich
jeden Abend, wenn ich dich sehe,
teilnahmslos,
schwankend,
lallend.
Jeden Abend aufs Neue.

Hoffnung?

Mir graut vor morgen

Jeden Abend aufs Neue

Forderung

Überforderung

Entspannung

Selbstvorwürfe

Liebe

Ich könnte einfach gehen.

Ihn "im Stich lassen".
Mein Leben führen.

Aber wieso sage ich dann:
"Ich liebe dich"...?

Liebe

Ich fühle mich unwert.
Alles geht schief.
Dunkle Vergangenheit.
Keine Zukunft.

Und doch gebe ich nicht auf.

Resignation

Das Leben, leicht zerknautscht
erwacht es in dir
jeden Morgen
zu neuer Blüte.
Entfaltet sich.
Blüht kurz auf.
Wird grau, welk.
Fällt ins Bett.
Der ewige Kreis?

Resignation

Wieder so ein Tag.
Morgen mache ich,
was ich
mir vorgenommen habe.
Heute mache ich
es mir schön.

Komm her,
mein Freund ...

Verzweiflung

Meine Kraft ist am Ende
Ich sehe keine Wende
Kein Einsehen
Keine Kraft

Ich frage ihn heute:
"Er oder ich?"

Verzweiflung

Meine Kraft ist am Ende, sieht er das nicht? Ich halte ihn nicht aus. Mein grauer Freund ist ganz anders. Er steht mir bei.
Er oder ich?
Was soll das denn?!
Ist der verrückt?!

Verzweiflung
Panik

Leere

Die Wende kommt,
wenn man sie
nicht erwartet.

Vielleicht blockieren wir sie
auch mit unserer eigenen
Angst, sie käme nie …?

Sie haben auf den letzten Seiten die Erfahrung gewonnen, dass jede Sicht der Dinge immer nur vom Betrachter ausgeht und eben nicht allgemeingültig ist.

Ihre Sicht ist halt Ihre Sicht, aber aus einem anderen Winkel betrachtet ergibt sich ein ganz anderes Bild.

Und wenn man beide Gesichtspunkte zusammenführt, erhält man ein viel genaueres Bild.

Das geht nur, wenn man die Gesichtspunkte miteinander abgleicht,
also … **miteinander redet**!

So schwer das auch manchmal ist und so weh das bestimmt auch tut.
Schweigen und Nichtstun schmerzen dauerhafter.

Die beiden Seiten mit der Überschrift „Verzweiflung" haben Sie vielleicht erschrocken, vielleicht aufgerüttelt.

Tatsächlich sollten Sie sich auch Gedanken darüber machen, ob und wie lange Sie die Beziehung zu Ihrem Partner noch aushalten können. Und, wenn es ein „Aushalten" ist, ist das nicht schon Hinweis genug, dass diese Beziehung Ihnen nicht guttut?

Machen Sie einen Schritt nach dem anderen! Lösen Sie sich erst aus Ihrer Co-Abhängigkeit! Dies erfordert Zeit und Ihre ganze Kraft. Und wenn Sie danach wieder auf eigenen Beinen stehen, dann stellen Sie Ihre Beziehung zu Ihrem Partner auf den Prüfstand.

Gelesen haben Sie nun genug, jetzt ist es Zeit, Taten folgen zu lassen. Fühlen Sie sich stark genug?

Fangen Sie klein an. Mit einem spontanen Spaziergang, für den Sie niemand Rechenschaft abzulegen haben. Trinken Sie einen Kaffee mit Freunden. Machen Sie, was Ihnen gerade in den Sinn kommt.

Es ist Zeit, dass Sie die Initiative ergreifen. Lösen Sie sich aus der Umklammerung, gehen Sie wieder Ihren eigenen Weg!

Genießen Sie jeden Augenblick, in dem Wissen, dass Sie bald zu Ihren alten Kraft zurückfinden werden.

Sie werden sich aus Ihrer Co-Abhängigkeit lösen.

Ich wünsche es Ihnen.

Wir alle lieben Bücher mit einem Happy-End. Für dieses Happy-End sind Sie selbst zuständig.

Den ersten Schritt haben Sie bereits vor einiger Zeit getan: Die Entscheidung, das Leben wieder selbst in die Hand zu nehmen. Nicht, „ohne Rücksicht auf Verluste", aber in dem Wissen, dass es so nicht weitergehen kann und dass **Sie** der Einzige sind, der eine Änderung bewirken kann.

Sie übernehmen die volle Verantwortung für sich selbst und geben die Verantwortung für Ihren Partner an ihn zurück. Dort gehört sie hin.

Sie können den grauen Freund endgültig als Feind betrachten und vor die Tür setzen.

Für immer.

Die kommende Zeit wird sicherlich nicht leicht für Sie, die Gefahr, rückfällig zu werden, besteht durchaus. Sie müssen das nicht allein durchleben! Suchen Sie sich Gleichgesinnte. Sie finden im Internet und in jeder größeren Stadt Selbsthilfegruppen, für Abhängige und für Co-Abhängige. Caritative Einrichtungen helfen Ihnen auch weiter.
Es entlastet enorm, wenn Sie ihre Probleme mit jemandem teilen können, wenn Sie fühlen, dass Sie nicht allein dastehen.

Suchen Sie sich professionelle Hilfe und informieren Sie auch Ihren Partner darüber.

Bleiben Sie bei sich, jedes Mal, wenn Sie Ihren Partner in einer hilflosen Situation erleben. Überlegen Sie, ob er wirklich Ihre Hilfe benötigt oder ob es nur ein „Reflex" ist, ihm helfen zu wollen. Ihre und seine Chancen wachsen, je öfter er merkt, dass er nicht mehr alles abgenommen bekommt. Dass er auch wieder Verantwortung trägt.

Und jedes gelöste Problem lässt Sie beide wachsen.

Reden Sie mit Ihrem Partner darüber, dass Sie jetzt mehr für sich tun werden. Erzählen Sie ihm hinterher davon, was Sie getan haben und wie schön es für Sie war. Lassen Sie ihn Teil haben.

Irgendwann wird Ihr Partner, vielleicht, neugierig werden, sich aus seiner Abhängigkeit befreien wollen und seinen grauen Freund als Feind betrachten.

Dann sind Sie ein starker, erfahrener Partner an seiner Seite.

Vielen Dank

für die wunderbaren 3 D Männchen an Peggy und Marco
für den vielsagenden Gorilla an Stefan
für den „grauen Freund" an rebcenter

die ich auf Pixabay gefunden habe und verwenden durfte